BEI GRIN MACHT SICH IHR WISSEN BEZAHLT

- Wir veröffentlichen Ihre Hausarbeit, Bachelor- und Masterarbeit

- Ihr eigenes eBook und Buch - weltweit in allen wichtigen Shops

- Verdienen Sie an jedem Verkauf

Jetzt bei www.GRIN.com hochladen und kostenlos publizieren

Bibliografische Information der Deutschen Nationalbibliothek:

Die Deutsche Bibliothek verzeichnet diese Publikation in der Deutschen Nationalbibliografie; detaillierte bibliografische Daten sind im Internet über http://dnb.d-nb.de/ abrufbar.

Dieses Werk sowie alle darin enthaltenen einzelnen Beiträge und Abbildungen sind urheberrechtlich geschützt. Jede Verwertung, die nicht ausdrücklich vom Urheberrechtsschutz zugelassen ist, bedarf der vorherigen Zustimmung des Verlages. Das gilt insbesondere für Vervielfältigungen, Bearbeitungen, Übersetzungen, Mikroverfilmungen, Auswertungen durch Datenbanken und für die Einspeicherung und Verarbeitung in elektronische Systeme. Alle Rechte, auch die des auszugsweisen Nachdrucks, der fotomechanischen Wiedergabe (einschließlich Mikrokopie) sowie der Auswertung durch Datenbanken oder ähnliche Einrichtungen, vorbehalten.

Impressum:

Copyright © 2016 GRIN Verlag
Druck und Bindung: Books on Demand GmbH, Norderstedt Germany
ISBN: 9783668757950

Dieses Buch bei GRIN:

https://www.grin.com/document/428670

Vanessa Erl

Jahresabschlussanalyse, Controlling und Kostenrechnung

GRIN Verlag

GRIN - Your knowledge has value

Der GRIN Verlag publiziert seit 1998 wissenschaftliche Arbeiten von Studenten, Hochschullehrern und anderen Akademikern als eBook und gedrucktes Buch. Die Verlagswebsite www.grin.com ist die ideale Plattform zur Veröffentlichung von Hausarbeiten, Abschlussarbeiten, wissenschaftlichen Aufsätzen, Dissertationen und Fachbüchern.

Besuchen Sie uns im Internet:

http://www.grin.com/

http://www.facebook.com/grincom

http://www.twitter.com/grin_com

Deutsche Hochschule für
Prävention und Gesundheitsmanagement
Hermann Neuberger Sportschule 3
66123 Saarbrücken

Einsendeaufgabe

Fachmodul:	BWL III
Studiengang:	B.A Fitnessökonomie
Datum Präsenzphase:	05.09.2016-08.09.2016
Name, Vorname:	Erl, Vanessa
Studienort:	**Berlin**
Semester:	**SS 2014**

Inhaltsverzeichnis

1 JAHRESABSCHLUSSANALYSE 3

1.1 Teilanalysen der Jahresabschlussanalyse 3
    1.1.1 Vertikale Strukturanalyse (Passivseite) für 2014 und 2015 3
    1.1.2 Kurzfristige Finanzanalyse für 2014 und 2015 4
    1.1.3 Erfolgsanalyse (Rentabilitätskennzahlen) für 2014 und 2015 5

1.2 Wirtschaftliche Entwicklung 5

2 CONTROLLING 7

2.1 Entwicklung eines Kennzahlensystems 7

2.2 Entwicklung eines Controllingsystems 8

2.3 Interpretation Controllingsystem 8

3 KOSTENRECHNUNG 10

3.1 Zuschlagskalkulation 10

3.2 Deckungsbeitragsrechnung 11

3.3 Interpretation einer Deckungsbeitragssituation 14

4 LITERATURVERZEICHNIS 15

5 ABBILDUNGS- UND TABELLENVERZEICHNIS 15

5.1 Abbildungsverzeichnis 15

5.2 Tabellenverzeichnis 15

1 Jahresabschlussanalyse

1.1 Teilanalysen der Jahresabschlussanalyse

1.1.1 Vertikale Strukturanalyse (Passivseite) für 2014 und 2015

Eigenkapitalquote

$$EQ = \left(\frac{Eigenkapital}{Gesamtkapital}\right) \times 100$$

$$EQ_{2014} = \left(\frac{1285800}{2179100}\right) \times 100 \qquad EQ_{2015} = \left(\frac{1468000}{2761800}\right) \times 100$$

$$\underline{EQ_{2014} = 59,01\%} \qquad \underline{EQ_{2015} = 53,15\%}$$

Fremdkapitalquote

$$FQ = \left(\frac{Fremdkapital}{Gesamtkapital}\right) \times 100$$

$$FQ_{2014} = \left(\frac{893300}{2179100}\right) \times 100 \qquad FQ_{2015} = \left(\frac{1293800}{2761800}\right) \times 100$$

$$\underline{FQ_{2014} = 40,99\%} \qquad \underline{FQ_{2015} = 46,85\%}$$

Verschuldungsgrad

$$VG = \left(\frac{Fremdkapital}{Eigenkapital}\right) \times 100$$

$$VG_{2014} = \left(\frac{893300}{1285800}\right) \times 100 \qquad VG_{2015} = \left(\frac{1293800}{1468000}\right) \times 100$$

$$\underline{VG_{2014} = 69,47\%} \qquad \underline{VG_{2015} = 88,13\%}$$

Umschlaghäufigkeit des Kapitals

$$USH(K) = \left(\frac{Umsatz}{Gesamtkapital}\right)$$

$$USH(K)_{2014} = \left(\frac{3150257}{2179100}\right) \qquad USH(K)_{2015} = \left(\frac{3652369}{2761800}\right)$$

$$\underline{USH(K)_{2014} = 1,45} \qquad \underline{USH(K)_{2015} = 1,32}$$

1.1.2 Kurzfristige Finanzanalyse für 2014 und 2015

Liquidität 1. Grades

$$\text{Liquidität 1. Grades (L. 1. Grades)} = \frac{\text{Zahlungsmittelbestand (ZMB)}}{\text{kurzfristige Verbindlichkeiten}} \times 100$$

$$\text{L. 1. Grades }_{2014} = \frac{83500}{291500} \times 100 \qquad \text{L. 1. Grades }_{2015} = \frac{119100}{360600} \times 100$$

$$\underline{\text{L. 1. Grades }_{2014} = 28{,}64\%} \qquad \underline{\text{L. 1. Grades }_{2015} = 33{,}03\%}$$

Cash Flow

$$\text{Cash Flow (CF)} = \text{Gewinn} + \text{Abschreibung}$$

1. Nebenrechnung (Fremdkapitalzins - FKZ)

$$FKZ = \frac{\text{Fremdkapitalzinssatz x langfristige Darlehn}}{100}$$

$$FKZ_{2014} = \frac{4{,}36 \times 496500}{100} \qquad FKZ_{2015} = \frac{2{,}33 \times 832700}{100}$$

$$\underline{FKZ_{2014} = 21647{,}40\text{€}} \qquad \underline{FKZ_{2015} = 194019{,}10\text{€}}$$

2. Nebenrechnung (Gewinn)

$$\text{Gewinn }(G) = \left(\frac{\text{Gesamtrentabilität x Gesamtkapital}}{100}\right) - \text{Fremdkapitalzins}$$

$$G_{2014} = \left(\frac{5{,}23 \times 2179100}{100}\right) - 21647{,}40 \qquad G_{2015} = \left(\frac{7{,}30 \times 2761800}{100}\right) - 194019{,}10$$

$$\underline{\text{Gewinn}_{2014} = 92319{,}53} \qquad \underline{\text{Gewinn}_{2015} = 7592{,}30}$$

$$CF_{2014} = 92319{,}53 + 72250 \qquad CF_{2015} = 7592{,}30 + 94360$$

$$\underline{\text{Cash Flow }_{2014} = 164569{,}53\text{€}} \qquad \underline{\text{Cash Flow }_{2015} = 101952{,}30\text{€}}$$

Working Capital

$$\text{Working Capital} = \text{Umlaufvermögen} - \text{kurzfristige Verbindlichkeiten}$$

$$WC_{2014} = 651400 - 291500 \qquad WC_{2015} = 662700 - 360600$$

$$\underline{\text{Working Capital }_{2014} = 359900\text{€}} \qquad \underline{\text{Working Capital }_{2015} = 302100\text{€}}$$

1.1.3 Erfolgsanalyse (Rentabilitätskennzahlen) für 2014 und 2015

Gewinnänderungsrate

$$\text{Gewinnänderungsrate} = \left(\frac{\text{Umsatz Geschäftsjahr}}{\text{Umsatz Vorjahr}}\right) \times 100$$

$$\text{Gewinnänderungsrate}_{2014/15} = \left(\frac{3652369}{3150257}\right) \times 100$$

Gewinnänderungsrate$_{2014/15}$ = 115,94%

→ +15,94%

Eigenkapitalrentabilität

$$\text{Eigenkapitalrentabilität (EKR)} = \left(\frac{\text{Gewinn}}{\text{Eigenkapital}}\right) \times 100$$

$$\text{EKR}_{2014} = \left(\frac{92319,53}{1285800}\right) \times 100 \qquad \text{EKR}_{2015} = \left(\frac{7592,30}{146800}\right) \times 100$$

Eigenkapitalrentabilität$_{2014}$ = 7,18% Eigenkapitalrentabilität$_{2015}$ = 5,17%

Umsatzrentabilität

$$\text{Umsatzrentabilität (UR)} = \left(\frac{\text{Gewinn}}{\text{Umsatz}}\right) \times 100$$

$$\text{UR}_{2014} = \left(\frac{92319,53}{3150257}\right) \times 100 \qquad \text{UR}_{2015} = \left(\frac{7592,30}{3652369}\right) \times 100$$

Umsatzrentabilität $_{2014}$ = 2,93% Umsatzrentabilität $_{2015}$ = 0,21%

1.2 Wirtschaftliche Entwicklung

Die wirtschaftliche Entwicklung der XY GmbH wird anhand des Vergleichs der in 1.1.1-1.1.3 errechneten und dokumentierten Werte (Geschäftsjahre 2014/15) tabellarisch dargestellt (Vgl. Tab. 1).

Die zentralen Kennzahlen stellen die wirtschaftliche Entwicklung eines Unternehmens dar und bieten die Möglichkeit der Interpretation. Hierbei gilt die Unterteilung in unterschiedliche Kategorien – Strukturanalyse, Finanzanalyse und Erfolgsanalyse. (Schlaffke & Plünnecke, 2015, S. 104)

Tab. 1 Zusammenfassung der Geschäftsjahre 2014 und 2015 und die wirtschaftliche Entwicklung der XY GmbH

Kennzahl	Geschäftsjahr 2014	Geschäftsjahr 2015	Entwicklung zum Vorjahr
Eigenkapitalquote	59,01%	53,15%	-5,86%
Fremdkapitalquote	40,99%	46,85%	+5,86%
Verschuldungsgrad	69,47%	88,13%	+18,66%
Kapitalumschlag	1,32	1,45	-0,13
Liquidität 1. Grades	28,64%	33,03%	+4,39%
Cash Flow	164569,53€	101952,30€	-62617,23€
Working Capital	359900€	302100€	-57800€
Gewinnänderungsrate	15,94%		unbekannt
Eigenkapitalrentabilität	7,18%	5,17%	-2,01%
Umsatzrentabilität	2,93%	0,21%	-2,72%
Gesamtkapitalrentabilität	5,23%	7,30%	+2,07%
Gewinn	92319,53€	7592,30€	-84727,23€
Fremdkapitalzins	21647,40€	194019,10€	+172371,70€

Anhand der gesunkenen Eigenkapitalquote und der gleichzeitig gestiegenen Fremdkapitalquote zum gleichen Prozentsatz von 5,86%, lässt sich feststellen, dass die Unabhängigkeit des Unternehmens abgenommen hat. Somit kann das Unternehmen weniger flexibel wirtschaften und die gestiegene Fremdkapitalquote wird im erhöhten Verschuldungsgrad von +18,66% nochmals verdeutlicht. Das Unternehmen ist vom Jahr 2014 auf 2015 finanziell abhängiger geworden und die wirtschaftliche Stabilität ist gesunken.

Im Jahr 2015 ist die Umschlagshäufigkeit mit 1,45 definiert. Dies bedeutet eine negative Entwicklung von 0,13 zum Vorjahr. Investiertes Kapital fließt dem zu Folge langsamer in das Unternehmen zurück.

Die Liquidität 1. Grades sollte bei ca. 10-20% liegen, da sich ein höherer Wert negativ auf die Rentabilität auswirkt. Demnach ist die positive Entwicklung auf 33,03% im Jahr 2015 negativ zu betrachten.

Der Cash Flow wiederum ist im Vergleich um 62617,23€ gesunken, was bedeutet, dass vergleichsweise weniger Anschaffungen aus der unternehmenseigenen Finanzierung getätigt und mögliche Kredite langsamer getilgt werden können.

Das Working Kapital kann Einfluss auf das Tagesgeschäft und die Liquidität des Unternehmens haben, jedoch ist hier, trotz des Verlustes im Vergleich zu 2014 von 57800€, nicht von einem Risiko zu sprechen.

Der Gewinn des Unternehmens ist um 84727,23€ gesunken, dieser Wert spiegelt sich auch noch einmal deutlich in der gesunkenen Eigenkapitalrentabilität und Umsatzrentabilität wieder.

Grundsätzlich ist es keine positive Entwicklung des Unternehmens, jedoch ist zukünftig mit keinen finanziellen Engpässen zu rechnen In Zukunft könnte das Unternehmen gewinnbringender am markt arbeiten und somit mehr wirtschaftliche Stabilität erhalten. Der XY GmbH ist zu raten die Kosten zu minimieren um so den Umsatz steigern zu können. Des Weiteren sollte in Zukunft weniger Fremdkapital genutzt werden um den Verschuldungsgrad senken zu können.

2 Controlling

2.1 Entwicklung eines Kennzahlensystems

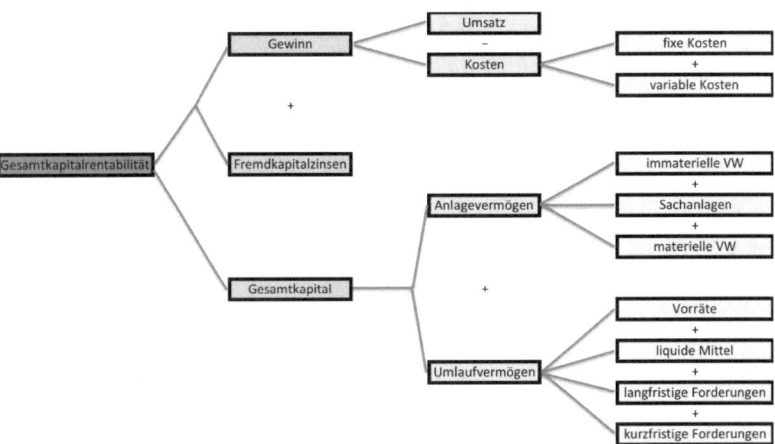

Abb. 1 Kennzahlensystem zur Gesamtkapitalrentabilität

2.2 Entwicklung eines Controlling Systems

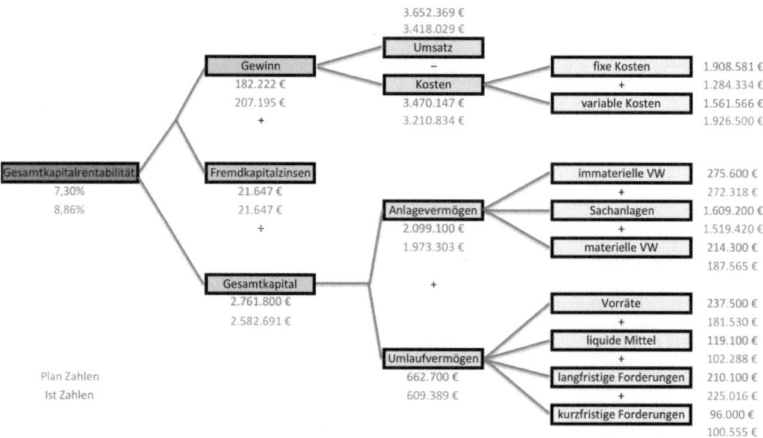

Abb. 2 Controlling System zur Gesamtkapitalrentabilität

2.3 Interpretation Controlling System

Das in 2.3 erstelle Controlling System stellt die Ist Zahlen des Jahres 2015 sowie die Planzahlen der aus 2014 formulierten Ziele dar.

In Hinblick auf die Gesamtkapitalrentabilität ist festzustellen, dass die Ist-Zahl deutlich unter der Plan-Zahl liegt. Der Grund hierfür lässt sich im geringeren Gewinn erschließen, da auch dieser geringer ausfällt als geplant. Der Umsatz ist zwar höher ausgefallen als im Jahr 2014 geplant, jedoch musste das Unternehmen wesentlich mehr Fixkosten tragen als kalkuliert. Gleichzeitig konnten variable Kosten eingespart werden, dennoch wirkte sich dies nicht ausreichend positiv auf die Kosten aus.

Das gesteigerte Gesamtkapital um knapp 200.000€ über dem geplanten Wert, lässt sich auf das gesteigerte Umlaufvermögen zurück führen. Das Unternehmen hat vor allem in die Vorräte investiert. Vermutlich wollte das Unternehmen so schneller Produkte verkaufen können ohne auf lange Liefer- und Produktionszeiten Rücksicht zu nehmen.

Innerhalb des Anlagevermögens wirken sich die erhöhten Sachlagen positiv auf die Entwicklung aus.

Die Faktoren der Erfolgskette und die Faktoren der Strukturanalyse sind jeweils untereinander gebunden und beeinflussen sich gegenseitig. Das Unternehmen scheint ein Liquiditätsziel zu verfolgen, wodurch die Rentabilität des Unternehmens leidet.

Einer verschmälerten Rentabilität folgt immer eine gesteigerte Liquidität und umgekehrt. (Schlaffke & Plünnecke, 2015, S. 72)

Das Controlling System ist eine Stichtagbezogene Momentaufnahme des Unternehmens, lässt jedoch Schlüsse zu für das nächste Plan Jahr. Das Unternehme sollte sich hier vor allem ein Rentabilitätsziel setzen, indem Kosten gesenkt und der Gewinn erhöht wird. Des Weiteren sollte das Fremdkapital gemindert werden um somit die Unabhängigkeit des Unternehmens zu stärken. Durch eine positive Entwicklung des Gewinns und die Minderung der Fremdkapitalzinsen kann eine positive Entwicklung in der Gesamtkapitalrentabilität erzielt werden. Dennoch sollte auch die Liquidität des Unternehmens weiter beobachtet und konstruktiv bearbeitet werden. So kann das Unternehmen sich auf dem Markt behaupten und entsprechend wirtschaftlich positive Werte erzielen.

3 Kostenrechnung

3.1 Zuschlagskalkulation

$$\text{Handlungskostenzuschlagssatz} = \frac{\text{Handlungskosten}}{\text{Wareneinsatzkosten}} \times 100$$

1. Nebenrechnung

Handlungskosten = Mietkosten + Versicherungskosten + Personalkosten + Vertriebskosten

Handlungskosten = 90100€ + 4096€ + 72690€ + 5240€

Handlungskosten = 172126€

$$\text{Handlungskostenzuschlagssatz} = \frac{172126}{272600} \times 100$$

Handlungskostenzuschlagssatz = 63,14%

Einkaufspreis (brutto)	82,71€	19%
Listeneinkaufspreis (netto)	69,50€	
- Rabatt	1,67€	2,4%
= Zieleinkaufspreis	67,83€	
- Skonto	0,68€	1%
= Bareinkaufspreis	67,15€	
+ Bezugskosten	Versand 0,75€	
= Bezugspreis / Einstandspreis	67,90€	
+ Handlungskosten	42,87€	63,14%
= Selbstkosten	110,77€	
+ Gewinn	39,32€	35,5%
= Barverkaufspreis	150,09€	
+ Skonto	1,52€	1%
=Zielverkaufspreis	151,61€	
+ Rabatt	4,69€	3%
= Listenverkaufspreis (netto)	156,30€	
= Verkaufspreis (brutto)	186,00€	19%

Die Handlungskosten liegen bei 42,87€ und entsprechen einem Handlungskostenzuschlag von 63,14%. Der Verkaufspreis der mittelklassigen Sportuhr mit Fitness Tracker sollte bei 186,00€ angesetzt werden.

3.2 Deckungsbeitragsrechnung

Es gibt 240 Kaufinteressenten pro Monat, wovon 1/3 Interesse an einer Laufbandanalyse zeigen.

$$\text{Interesse an einer Laufbandanalyse} = \frac{240}{3}$$

$$\text{Interesse an einer Laufbandanalyse} = \underline{80}$$

Von den 80 Interessenten kaufen 70% tatsächlich einen Laufschuh.

$$\text{Tatsächliche Käufer} = \frac{80}{100} \times 70$$

$$\text{Tatsächliche Käufer} = \underline{56}$$

Berechnung der Kosten

Miete

$$\text{Miete} = \frac{8900€ \text{ (netto)}}{1200\text{m}^2} \times 20\text{m}^2$$

$$\underline{\text{Miete} = 148,33€}$$

Nebenkosten

$$\text{Nebekosten} = \frac{148,33€ \times 5\%}{100\%}$$

$$\underline{\text{Nebekosten} = 7,42€}$$

Gesamtmiete

$$\text{Gesamtmiete} = \text{Miete} + \text{Nebenkosten}$$

$$\text{Gesamtmiete} = 148,33€ + 7,42€$$

$$\underline{\text{Gesamtmiete} = 155,75€ \text{ (netto)}}$$

Anschaffungskosten

$$\text{Bruttopreis der Anschaffungskosten} = \frac{3850€ \times 100\%}{119\%}$$

$$\underline{\text{Bruttopreis der Anschaffungskosten} = 3235,29€}$$

$$\text{Anschaffungskosten pro Jahr} = \frac{3235,29€}{6 \text{ Jahre}}$$

$$\underline{\text{Anschaffungskosten pro Jahr} = 539,22€}$$

1 Monat besteht aus 4 Wochen, sodass bei der Berechnung davon ausgegangen wird, dass ein Jahr aus 12 Monaten besteht.

$$\text{Anschaffungskosten pro Monat} = \frac{539,22€}{12 \text{ Monate}}$$

$$\underline{\text{Anschaffungskosten pro Monat} = 44,94€ \text{ (netto)}}$$

Personalkosten

Pro Verkauf eines Laufschuhs auf Grund der Laufbandanalyse erhält der Verkäufer eine Provision in Höhe von 5€.

$$\text{Personalkosten} = 56 \text{ Käufer} \times 5€$$

$$\underline{\text{Personalkosten} = 280€ \text{ (netto)}}$$

Berechnung Deckungsbeitrag

Bei der Berechnung des Deckungsbeitrages muss beachtet werden, dass Teilnehmer der Laufbandanalyse, welche einen Laufschuh im Anschluss kaufen, 50% Rabatt auf die Analyse erhalten. Somit gibt es nur 24 Vollzahler und 56 Personen zahlen ausschließlich 50%.

$$\text{Deckungsbeitrag} = \text{Teilumsatz (x)} - \text{direkt zurechenbare Kosten}$$

Nebenrechnung direkt zurechenbare Kosten

$$\text{Direkt zurechenbare Kosten} =$$
$$\text{Mietkosten} + \text{Anschaffungskosten} + \text{Personalkosten}$$
$$\text{Direkt zurechenbare Kosten} = 155{,}75€ + 44{,}94€ + 280€$$
$$\text{Direkt zurechenbare Kosten} = 480{,}67€$$

$$\text{Deckungsbeitrag} = \text{Teilumsatz (x)} - \text{direkt zurechenbare Kosten}$$
$$0 = \text{Teilumsatz (x)} - 480{,}67€$$
$$\underline{\text{Teilumsatz (x)} = 480{,}67€}$$

Berechnung Bruttoverkaufspreis der Laufbandanalyse

$$480{,}67€ = 24x + 56\frac{x}{2} \quad /x2$$
$$961{,}34€ = 48x + 56x$$
$$961{,}34€ = 104x \quad /:104$$
$$\underline{x = 9{,}24€ \ (netto)}$$

$$\text{Bruttoverkaufspreis} = \frac{9{,}24€ \times 119}{100}$$

Bruttoverkaufspreis = 11,00€

3.3 Interpretation einer Deckungsbeitragssituation

„Sollte der Deckungsbeitrag II eines Unternehmensbereiches negativ sein, der Deckungsbeitrag I jedoch positiv, so ist die einzig richtige Unternehmensstrategie, dass dieser Geschäftsbereich aufgegeben werden muss!"

Die Differenz zwischen Umsatz und den variablen Kosten bezeichnet den Deckungsbeitrag I. Dieser sollte zunächst die Fixkosten decken. Die Fixkosten sind Kosten, welche unabhängig von der Kundenzahl vom Unternehmen getragen werden müssen. Die variablen Kosten hängen jedoch von der Kundenzahl ab. Der erhaltenen Deckungsbeitrag I minus die Produktfixkosten ergibt den Deckungsbeitrag II. Sollte dieser negativ ausfallen bewegt sich das Unternehmen in einem negativen Bereich, da es Geld verliert.

Grundsätzlich muss ein Unternehmen bei einem negativen Deckungsbeitrag II und positiven Deckungsbeitrag I nicht geschlossen werden. Dies begründet sich darin, dass das Unternehmen sämtliche Fixkosten durch den positiven Deckungsbeitrag I abdecken kann. Ein spezielles Angebot (z.B. eine Massage) ist abhängig von der Kundenzahl und führt zu keinem Gewinn (bei einem negativen Deckungsbeitrag II), jedoch rundet dies das Gesamtangebot des Unternehmens ab. Es sollte überlegt werden in wie fern, das Angebot besser beworben werden kann und wie das Produkt immerhin kostendeckend (+/- 0) weiter angeboten werden kann.

4 Literaturverzeichnis

Schlaffke, W. & Plünnecke, A. (2015) Studienbrief Betriebswirtschaftslehre III. Unveröffentlichte Studienmaterialien. Saarbrücken: Deutsche Hochschule für Prävention und Gesundheitsmanagement.

5 Abbildungs- und Tabellenverzeichnis

5.1 Abbildungsverzeichnis

Abb. 1 Kennzahlensystem zur Gesamtkapitalrentabilität 7
Abb. 2 Controlling System zur Gesamtkapitalrentabilität 8

5.2 Tabellenverzeichnis

Tab. 1 Zusammenfassung der Geschäftsjahre 2014 und 2015 und die wirtschaftliche Entwicklung der XY GmbH 6

BEI GRIN MACHT SICH IHR WISSEN BEZAHLT

- Wir veröffentlichen Ihre Hausarbeit, Bachelor- und Masterarbeit

- Ihr eigenes eBook und Buch - weltweit in allen wichtigen Shops

- Verdienen Sie an jedem Verkauf

Jetzt bei www.GRIN.com hochladen und kostenlos publizieren